VENTE

Des Jeudi 18 et Vendredi 19 Décembre 1890

A DEUX HEURES

HOTEL DROUOT, SALLE N° 3

TABLEAUX MODERNES

ET ANCIENS

Dessins, Aquarelles, Miniatures
Gouaches

BRONZES D'ART ET D'AMEUBLEMENT

Porcelaines — Argenterie

BIJOUX

Ornés de Perles, Brillants et Pierres de couleur

MEUBLES

Pour Salon, Salle à Manger, Chambre à Coucher, Bureau

PIANO, CAISSE DE SURETÉ, RIDEAUX, TAPIS

Dépendant de la Succession de M. H. BAIN

EXPOSITION PUBLIQUE

Le Mercredi 17 Décembre 1890, de 1 heure 1/2 à 5 heures 1/2

COMMISSAIRE-PRISEUR
Mr Maurice DELESTRE
Rue Drouot, 27

EXPERT
M. Eug. FÉRAL, Peintre
Faubourg Montmartre, 54

PARIS — 1890

CATALOGUE

DE

TABLEAUX MODERNES

ET QUELQUES ANCIENS

Dessins et Aquarelles, Miniatures et Gouaches

BIJOUX

ORNÉS DE PERLES, BRILLANTS ET PIERRES DE COULEURS

ARGENTERIE, PORCELAINES

BRONZES D'ART ET D'AMEUBLEMENT

MEUBLES ET OBJETS DIVERS

Dépendant de la Succession de M. H. BAIN

Dont la vente aura lieu, par suite de Décès

HOTEL DROUOT — SALLE N° 3

Les Jeudi 18 et Vendredi 19 Décembre 1890

A DEUX HEURES

COMMISSAIRE-PRISEUR	EXPERT
Me Maurice DELESTRE	**M. Eug. FÉRAL,** Peintre
Rue Drouot, 27	*Faubourg Montmartre, 54*

CHEZ LESQUELS SE TROUVE LE PRÉSENT CATALOGUE

EXPOSITION PUBLIQUE

Le Mercredi 17 Décembre 1890, de 1 heure 1/2 à 5 heures 1/2

PARIS — 1890

CONDITIONS DE LA VENTE

La vente sera faite au comptant.

Les Acquéreurs paieront, en sus des adjudications, CINQ POUR CENT applicables aux frais.

L'Exposition mettant le Public à même de se rendre compte de l'état des Objets, il ne sera admis aucune réclamation une fois l'adjudication prononcée.

ORDRE DES VACATIONS

Jeudi 18 Décembre 1890

Tableaux, Dessins, Aquarelles, Gouaches et Miniatures.

Vendredi 19 Décembre 1890

Livres, Argenterie, Bijoux, Bronzes, Porcelaines, Objets divers et Meubles.

A. Maulde et Cie, imprimeurs de la Compagnie des Commissaires-Priseurs, rue de Rivoli, 144. 600—10616

Désignation

TABLEAUX

BONNEMAISON

1 — *Environs de Fontainebleau.*

Signé à gauche.

BOURGUIGNON (Courtois, dit Le)

2 — *Bataille.*

CHARDIN

3 — *L'Abreuvoir.*

Signé à droite.

CHARDIN

4 — *L'Abreuvoir au soleil couchant.*

Signé à gauche.

CHARPENTIER

5 — *Les Bords d'un étang.*

CHARPENTIER

6 — *Cours d'Eau, sous bois.*

COROT

7 — *Le Buisson.*

Placé au bord d'un sentier; sur la gauche, une femme donnant la main à un enfant.

Signé à droite.

COROT

8 — *L'Allée de Coubron.*

Elle se perd, vers le fond, dans des massifs de verdure; à droite, le mur d'un parc éclairé par le soleil; au centre, et au pied d'un peuplier, une paysanne portant un fagot.

Signé à gauche.

COROT (Genre de)

9 — *Paysage : Soleil couchant.*

CORTÈS

10 — *Animaux au pâturage.*

DAUBIGNY (Genre de)

11 — *Les Bûcherons.*

Esquisse.

DESHAYES (Ch.)

12 — *Cours d'Eau, sous bois.*

Signé et daté 1874.

DESHAYES (Ch.)

13 — *Les Bords d'un étang.*

DEVEDEUX (L.)

14 — *Jeune Fille arabe.*

Signé à droite.

DEVEDEUX (L.)

15 — *Les Baigneuses.*

Deux pendants.
Panneaux de forme ovale.
Signés à droite.

DIAZ (D'après N.)

16 — *Femmes et Chiens, dans un parc.*

FABER

17 — *Coupe dans un bois : Effet d'automne.*

FALÉRO

18 — *Jeune Fille blonde.*

Signé dans le haut, à droite.

FEYEN-PERRIN

19 — *La Vague.*

Signé à gauche.

FEYEN-PERRIN

20 — *Femmes au bain.*

Esquisse.

FEYEN-PERRIN

21 — *La Baigneuse.*

Esquisse.

FLEURY (Léon)

22 — *Chaumière au bord d'un étang.*

Signé à droite.

GITTARD (A.)

23 — *Laveuses au bord d'une rivière : Effet du matin.*

GUARDIA (W. de La)

24 — *Portrait de jeune Femme.*

Signé avec dédicace.

GUILLET

25 — *Les Laveuses. — Femmes portant des Herbes.*

Deux pendants.

GUILLOT (A.)

26 — *Bateaux partant pour la Pêche.*

HUBER

27 — *Temple en ruines près duquel des Arabes et leurs chameaux font halte.*

Signé.

JACQUE (Charles)

28 — *La Basse-Cour.*

KEYMEULEN (Émile)

29 — *Fleurs et Vase en porcelaine du Japon.*

Signé à gauche.

LÉONCEY (De)

30 — *La petite Mendiante.*

Signé à droite.

LONGUET

31 — *Nymphes dans un paysage.*

Signé à droite.

LONGUET (Genre de)

32 — *Nymphe et Faune.*

LUNTECHUTZ (J.)

33 — *La Baigneuse.*

Gracieuse composition, de forme ovale, signée à droite.

MAGNUS

34 — *Chemin sous bois : Forêt de Fontainebleau.*

MAGNUS

35 — *Sous Bois.*

MAGNUS

36 — *Environs de Fontainebleau.*

Esquisse, signée à gauche

METZU (D'après)

37 — *La Marchande de Fruits.*

NOTERMAN

38 — *L'Atelier de l'Artiste.*

PLACE (M.)

39 — *Plage avec Falaises.*

Signé à gauche.

QUINAUD

40 — *Paysage avec Berger conduisant un troupeau de moutons.*

Signé et daté.

RICHET (Léon)

41 — *Un Sentier dans la forêt de Fontainebleau.*

Signé et daté 75.

RICHET (Léon)

42 — *Sentier aux environs de Fontainebleau.*

Signé à droite.

ROSSERT

43 — *Plage avec Personnages.*

SALMSON (Hugo)

44 — *Le Jardin.*

Signé à droite.

SAUZAY (A.)

45 — *Les Bords de l'Oise : Soleil levant.*

Signé et daté 1874.

SERRES (ANTONY)

46 — *Nymphe lutinée par des Amours.*

Gracieuse composition, mise sous verre avec passe-partout et signée à gauche.

TROUILLEBERT

47 — *Les Bateliers.*

Signé à gauche.

VALLÉE

48 — *Paysage avec cours d'eau.*

VALLIN

49 — *Nymphe fuyant dans un bois.*

VOILLEMOT

50 — *Bacchus.*

WATELIN

51 — *Laveuses au bord d'un cours d'eau.*

Signé à gauche.

WATELIN

52 — *Chemin sous bois : Forêt de Fontainebleau.*

Signé à droite.

WATELIN

53 — *Paysages marécageux.*

Deux pendants.
Signés.

ÉCOLE FRANÇAISE

(XVIIIe SIÈCLE)

54 — *Moine causant avec une jeune Fille*

ÉCOLE FRANÇAISE

55 — *Fête champêtre.*

ÉCOLE FRANÇAISE

56 — *L'Amour fustigé.*

ÉCOLE MODERNE

57 — *Animaux au pâturage.*

58 — *Chemin sous bois.*

Genre de Diaz.

59 — *Laveuse au bord d'une rivière.*

60 — *Enfants se disputant une pomme.*

61 — *Nymphe et Amours.*

62 — *Bord de Rivière.*

63 — *Cour de ferme et la sortie du troupeau.*

Deux pendants.

64 — *Mer houleuse avec bateaux à voiles.*

D'après Isabey.

ÉCOLE MODERNE

65 — *Paysage : Effet d'orage.*

Genre de Michel.

66 — *Paysage avec pont de bois.*

67 — *Paysage au soleil couchant.*

68 — *Étude d'Arbres.*

DESSINS ET AQUARELLES

—

BARON (Henri)

69 — *Jeunes Femmes dans un intérieur.*

Jolie Aquarelle, signée à gauche.

FRÈRE (Édouard)

70 — *Dans les Blés.*

Deux pendants.

Dessins rehaussés à l'aquarelle.

MALLET

71 — *Les Amants.*

Aquarelle gouachée.

PRÉZIOSI

72 — *La Sultane.*

Aquarelle.

SAINT-FRANÇOIS

73 — *Paysage d'Orient.*

Dessin, au crayon noir, rehaussé de blanc.

SERRES (Léopold)

74 — *Chemin traversant un bois.*

Aquarelle.

WATELET

75 — *Les Moulins.*

Jolie Aquarelle, signée et datée.

76 — Sous ce numéro, qui sera divisé : Deux Tableaux chinois, quatre Dessins, quelques Gravures et un Bas-Relief en bois sculpté.

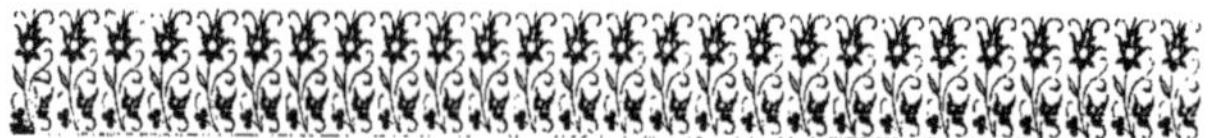

MINIATURES ET GOUACHES

BERNY D'AUVILLÉ

77 — Jeune Femme costumée à l'Antique et portant une couronne de feuilles de chêne.

CHARASSIER

78 — Italienne vue jusqu'aux genoux.

CHARLIER (Attribué à)

79 — L'Amour désarmé.

CICÉRI

80 — Paysage sous bois.

Fixé de forme ovale.

DE MARNE (Attribué à)

81 — Paysage avec personnages dans un bateau.

Fixé.

DUMONT

82 — Jeune Femme en élégant costume du temps de Louis XVI.

Les cheveux blonds bouclés avec couronne de roses.

Miniature de forme ronde.

GUÉRIN (Attribué à)

83 — Portrait de jeune Femme.

Les cheveux noirs bouclés, les épaules nues.

Miniature de forme ovale.

ISABEY (Attribué à)

84 — Petit Portrait de la reine Hortense.

Miniature ovale.

ISABEY (Attribué à)

85 — Jeune Femme, les cheveux blonds, un collier de corail autour du cou.

Miniature de forme ronde.

ISABEY (Attribué à)

86 — Jeune Femme en robe noire décolletée.

Miniature ovale.

ISABEY (D'après)

87 — Portrait de Marie-Louise.

Miniature ovale.

ISABEY (D'après).

88 — Portrait du roi Louis XVIII.

Miniature de forme ronde.

ISABEY (Genre de)

89 — Jeune Femme nue, vue à mi-corps.

Miniature de forme ronde.

JACTA (Lucie)

90 — Portrait de jeune Fille.

Miniature ovale (1882).

KLEINGTET

91 — Jeune Femme assise ayant un Amour auprès d'elle.

MUNERET

92 — Portrait d'Homme.

Belle Miniature de forme ovale.

PASSOT

93 — Portrait de Femme.

Miniature ovale.

RESTOUL (Elise)

94 — Femme italienne, vue à mi-corps.

Miniature ovale.

SAUVAGE

95 — Portrait de jeune Femme, vue de profil.

TERASSON

96 — Portrait de Femme coiffée d'un chapeau noir à plumes.

Miniature de forme ronde.

VESTIER (Attribué à)

97 — Jeune Femme en robe blanche. Cheveux bouclés avec ruban rose et perles.

VESTIER (Attribué à)

98 — Portrait de Femme, les cheveux poudrés.

Miniature ovale.

WATELET (Attribué à)

99 — Deux Fixés de forme ovale : Paysage avec Laveuses au bord d'une rivière. — Paysage avec moulin et Chûte d'Eau.

ÉCOLE FRANÇAISE

100 — Jeune Femme tenant un miroir.

Miniature de forme ovale.

101 — Jeune Fille avec bleuets autour de la poitrine.

Miniature de forme ronde.

102 — Jeune Fille coiffée d'un chapeau avec plumes rouges.

Miniature de forme ovale.

103 — Jeune Femme, les cheveux frisés et serrés par un ruban.

Miniature de forme ronde.

104 — Portrait de jeune Femme en costume Louis XV.

Miniature ovale.

105 — Portrait de jeune Femme en robe bleue décolletée.

Miniature de forme ronde.

ÉCOLE FRANÇAISE

106 — Portrait de Femme les cheveux poudrés.

Miniature ovale.

107 — Portrait de Femme en robe blanche décolletée. Costume de l'Empire.

108 — Jeune Femme en robe violette avec rose au corsage.

Miniature ovale.

109 — Jeune Femme en robe blanche à raies roses.

Miniature ovale.

110 — Portrait d'un Abbé.

Miniature de forme carrée.

111 — Quatre Miniatures : Portraits de Femmes parmi lesquelles Mme de Pompadour.

112 — Deux petits Émaux :

Pastorale d'après Boucher (Grisaille).

Les Amours vendangeurs.

ECOLE FRANÇAISE

113 — Six Portraits de Femmes.

Miniatures ovales.

114 — Jeune Femme pinçant de la harpe.

115 — Portrait de Fillette en robe bleue.

Miniature ovale.

116 — Portrait de jeune Femme, les cheveux bouclés.

Miniature ovale.

117 — Portrait de jeune Femme assise.

118 — Portrait de la Cenci, d'après Le Guide.

Miniature de forme ronde.

119 — Jeune Femme en corsage bleu et bouton de rose.

Miniature de forme ronde.

120 — Nymphe vue à mi-corps.

Miniature de forme ronde.

ECOLE FRANÇAISE

121 — Jeune Fille assise sur un canapé.

122 — Portrait de jeune Femme, la tête couverte d'une voile blanc. Costume de l'Empire.

Miniature de forme ronde.

123 — Jeune Femme les cheveux poudrés.

Miniature ovale.

124 — Jeune Fille et Enfant à une fontaine.

Miniature de forme ronde.

125 — Jeune Femme vètue d'une robe de mousseline décolletée.

Miniature de forme ronde.

126 — Portrait de Femme coiffée d'un bonnet à rubans bleus et fichu blanc sur les épaules.

127 — Portrait de Femme en buste, les cheveux poudrés.

ÉCOLE FRANÇAISE

128 — Trois Portraits de Femmes.

Miniatures de forme ronde.

ÉCOLE FRANÇAISE

XVIIIe SIÈCLE

129 — Portrait de jeune Femme, un ruban rouge dans les cheveux.

Miniature de forme ronde.

ÉCOLE MODERNE

130 — Portrait de Mme Adelina Patti.

Miniature ovale.

131 — Jeune Femme coiffée d'un chapeau de paille, portant des fleurs.

Miniature ovale.

132 — Jeune Femme couchée, d'après CHAPLIN.

ÉCOLE MODERNE

133 — Paysanne portant des fleurs dans son tablier.

Miniature ovale.

134 — Jeune Femme assise dans un paysage et faisant un bouquet.

Miniature de forme ovale.

135 — Chasseresse assise auprès de ses chiens.

Grisaille sur porcelaine de forme ronde.

136 — Sainte Madeleine dans sa grotte, d'après Le Guide.

137 — Paysage avec Temple et personnages.

Fixé de forme ronde.

138 — Un Fixé, de forme ronde, représentant une Danse de villageois.

139 — Six Pièces : Portraits et Paysages, sur porcelaine, faïence et émaux.

140 — Sous ce numéro qui sera divisé, quinze pièces : Portraits et Sujets.

Miniatures.

BIJOUX

141 — Une PARURE or et mosaïques, provenant de la vente des Diamants de la Couronne.

142 — Une autre PARURE or émaillé et mosaïques.

143 — Une BROCHE églantine, Brillants et Perles.

144 — Une BAGUE marquise parée de Brillants.

145 — Une BAGUE-JUMELLE ornée de deux Perles et Brillants.

146 — Une BAGUE ornée d'un Saphir et deux Brillants.

147 — Une BAGUE ornée d'une Turquoise et de deux Brillants.

148 — Une BAGUE jonc ornée d'un Brillant.

149 — Une BAGUE ancienne avec cornaline parée.

150 — Sept BAGUES diverses.

151 — Un MÉDAILLON en or émaillé avec Roses : Gerbe de Fleurs.

152 — Un MÉDAILLON en or émaillé avec Roses : Femme masquée.

153 — Un BRACELET gourmette or. Poids, 33 gr.

154 — Trois BOUTONS de chemises avec Perle.

155 — Deux CROIX de la Légion d'Honneur garnies de Brillants.

156 — Une BOUSSOLE or.

157 — Deux MONTRES d'homme, en or, dont une à remontoir.

158 — Deux VIDE-POCHES en argent.

159 — Deux BOITES à poudre vermeil et argent.

160 — Trois TABATIÈRES en argent.

Couverts. — Louche. — Cuillers à café argent. — Cuillers à café vermeil. — Couteaux à lame d'argent. — Ruolz. — Plaqué, etc.

BRONZES

D'ART ET D'AMEUBLEMENT

Statuettes-Groupes, d'après Clodion.

Pendules, Candélabres, Flambeaux, Lampes.

PORCELAINES

Plats, Potiches, Vases, Groupe en biscuit.

MEUBLES

Meuble de salon en bois d'acajou, garni de satin vert, composé de : un Canapé, huit Fauteuils, six Chaises, quatre Coussins. (Époque de la Restauration.

Table de salon, Table à jeu, Étagère, Vitrines, Bahuts, Bureau, Fauteuils, Chaises, Pouf, Rideaux, Portières, Tapis.

Piano, Casier à musique, Tabouret de piano.

Boîte à musique.

Glaces, Caisse de sûreté.

Fusils, Pistolets, Revolvers.

Nécessaires de voyage, etc., etc.

❦ ❦ ❦

LIVRES

Environ **220 volumes** reliés ou brochés : Balzac, Barthélemy, Boccace, Cervantès, Cooper, Gresset, Lamartine, Molière, Montesquieu, Nodier, Pascal, Racine, Schiller, Shakespeare, Thiers, Töpffer, etc.

IMPRIMERIE MAULDE ET RENOU

A. MAULDE & Cie

IMPRIMEURS DE LA COMPAGNIE DES COMMISSAIRES-PRISEURS

Rue de Rivoli, 144. — Paris

www.ingramcontent.com/pod-product-compliance
Ingram Content Group UK Ltd.
Pitfield, Milton Keynes, MK11 3LW, UK
UKHW020514180726
13839UKWH00005B/2077